J'ADORE L'ÉTÉ
آحِبُّ الصَّيْفْ

Shelley Admont et Danny Shmuilov
Illustré par Sonal Goyal

www.kidkiddos.com
Copyright ©2024 by KidKiddos Books Ltd.
support@kidkiddos.com

Tous droits réservés. Aucune partie de ce livre ne peut être reproduite, sous quelque forme que ce soit ou par quelque moyen électronique ou mécanique, y compris les systèmes de stockage et de recherche d'informations, sans l'autorisation écrite de l'éditeur, sauf dans le cas de courtes citations incluses dans une critique littéraire. Première édition, 2025

Translated from English by Sophie Troff
Traduit de l'anglais par Sophie Troff
Translated from English by Oumaima Aloui
تُرجم عن الإنجليزية بقلم أميمة العلوي

Library and Archives Canada Cataloguing in Publication
I Love Summer (French Arabic Bilingual edition) / Shelley Admont and Danny Shmuilov
ISBN: 978-1-83416-123-5 paperback
ISBN: 978-1-83416-124-2 hardcover
ISBN: 978-1-83416-122-8 eBook

Veuillez noter que les versions française et arabe de l'histoire ont été rédigées pour être aussi proches que possible. Toutefois, certaines différences subsistent afin de respecter les nuances et la fluidité propres à chaque langue.

C'était le dernier jour d'école avant les grandes vacances. Le petit lapin Jimmy salua sa maîtresse et quitta l'école en sautillant.

فِي آخِرِ يَوْمٍ دِرَاسِّي قَبْلَ أَنْ تَبْدَأَ العُطْلَةُ الصَّيْفِيَةُ، وَدَّعَ الأَرْنَبُ الصَّغِيرُ جِيمِي مُعَلِّمَتَهُ وَغَادَرَ المَدْرَسَةَ.

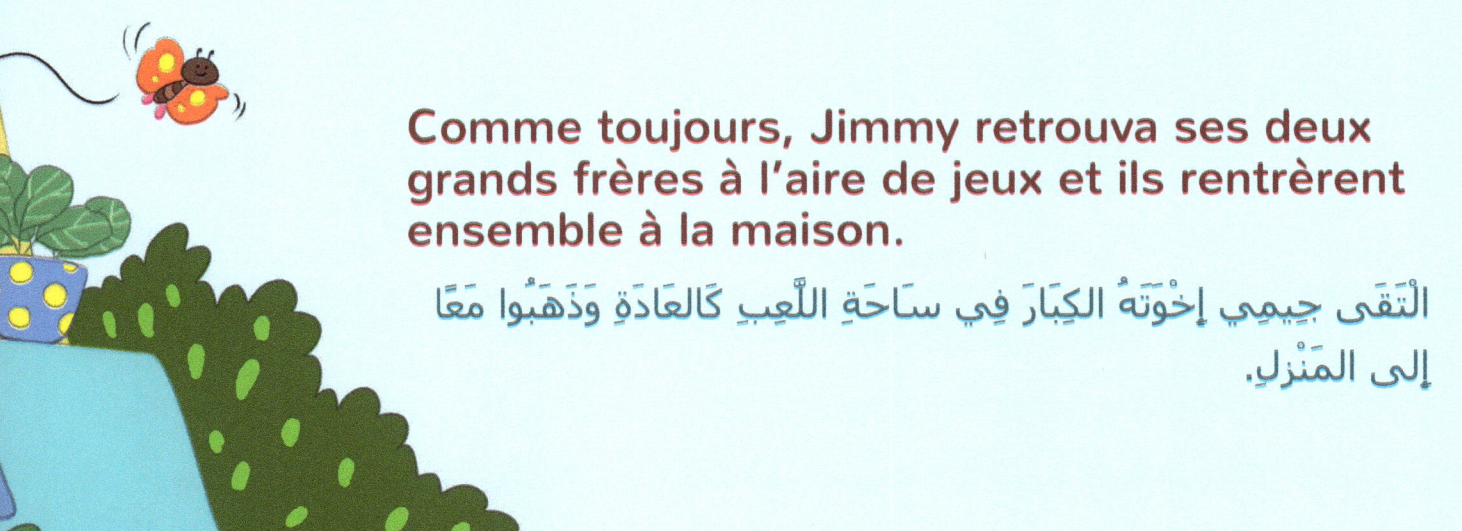

Comme toujours, Jimmy retrouva ses deux grands frères à l'aire de jeux et ils rentrèrent ensemble à la maison.

الْتَقَى جِيمِي إِخْوَتَهُ الكِبَارَ فِي سَاحَةِ اللَّعِبِ كَالعَادَةِ وَذَهَبُوا مَعًا إِلَى المَنْزِلِ.

– Je veux nager dans la rivière cet été,
dit son frère aîné.

قَالَ الأَخُ الأَكْبَرُ:" أَرْغَبُ فِي أَنْ أَسْبَحَ فِي النَهْر هَذَا الصَيْف."

– Et moi je veux faire du vélo, dit le frère cadet.

وَقَالَ الأَخُ الأَوْسَطُ: "وَأَنَا أَرْغَبُ فِي رُكُوبِ دَرَاجَتِي. "

– Il fait tellement chaud l'été que je veux juste manger des glaces toute la journée.
Les trois lapins éclatèrent de rire.

هَزَّ جِيمِي كَتِفَيْهِ قَائِلاً: "الطَقْسُ حَارٌّ جِدًّا فِي الصَيْفِ. أَنَا أَرْغَبُ فَقَطْ فِي أَكْلِ المُثَلَجَاتِ طَوَالَ اليَوْمِ." ثُمَّ انْفَجَرَ الأَرَانِبُ الثَلَاثَةُ ضَاحِكِينَ.

Quand les frères arrivèrent chez eux, un gros paquet les attendait sur le pas de la porte. Une carte était jointe au colis :

حِينَ وَصَلَ الإِخْوَةُ إلى المَنْزِلِ، كَانَ يَانْتِظَارِهِمْ طَرْدٌ كَبِيرٌ عَلَى عَتَبَةِ البَابِ وَعَلَيْهِ وَرَقَةٌ كُتِبَ فِيهَا:

Chers petits-enfants,
Nous espérons que vous passerez un été formidable.
Nous vous aimons très fort,
Mamie et papi.

إلى أَحْفَادِي الأَعِزَّاء،
أَرْجُو أَنْ تَسْتَمْتِعُوا بِصَيْفٍ رَائِعٍ.
مَعَ مَحَبَّتِي،
جَدَّتُكُمْ وَجَدُّكُمْ.

Les frères ouvrirent le paquet et découvrirent trois cerfs-volants colorés : un pour chacun d'eux.

فَتَحَ الإِخْوَةُ الصُّنْدُوقَ وَوَجَدُوا ثَلَاثَ طَائِرَاتٍ وَرَقِيَّةٍ مُلَوَّنَةٍ، لِكُلِّ وَاحِدٍ مِنْهُمْ.

Le cerf-volant bleu avec une queue blanche était pour le frère aîné.

كَانَتْ الطَّائِرَةُ الوَرَقِيَّةُ الزَّرْقَاءُ ذَاتُ الذَّيْلِ الأَبْيَضِ لِلْأَخِ الأَكْبَرِ.

Le cerf-volant jaune avec une queue bleue était pour le frère cadet.

وَالطَّائِرَةُ الصَّفْرَاءُ ذَاتُ الذَّيْلِ الأَزْرَقِ لِلْأَخِ الأَوْسَطِ.

Le cerf-volant de Jimmy était orange, sa couleur préférée, avec une queue jaune.

أَمَّا جِيمِي فَقَدْ حَصَلَ عَلَى طَائِرَةٍ وَرَقِيَّةٍ بُرْتُقَالِيَةٍ، وَهُوَ لَوْنُهُ المُفَضَّلُ، وَكَانَ ذَيْلُهَا أَصْفَرَ.

– Hourra ! s'écrièrent en chœur les frères en sautant de joie.

صَاحَ الإِخْوَةُ وَهُمْ يَقْفِزُونَ مُتَحَمِسِينَ: "هُورَايْ!"

– Qu'est-ce qui se passe ici ? demandèrent maman et papa en dévalant l'escalier.

سَارَعَتْ الأُمُّ وَالأَبُ إلى الطَّابَقِ السُّفْلِي مُتَسَائِلَيْنْ: "مَاذَا يَحْدُثُ هُنَا؟"

– Nos grands-parents nous ont envoyé des cerfs-volants ! s'exclama Jimmy avec un grand sourire.

قَالَ جِيمِي وَالابْتِسَامَةُ تَعْلُو مُحَيَّاهُ:" لَقَدْ أَرْسَلَ لَنَا جَدِّي وَجَدَّتِي طَائِرَاتٍ وَرَقِيَةٍ."

– Allons les faire voler ! cria le frère aîné et les trois lapins firent la course jusqu'au parc.

صَاحَ الأَخُ الأَكْبَرُ: "هَيَّا فَلْنُجَرِّبْهُمْ." وَتَسَابَقَ ثَلَاثَتُهُمْ إلى الحَدِيقَةِ.

Essoufflés, maman et papa couraient derrière eux, essayant de les rattraper.

حَاوَلَ الوَالِدَيْنِ اللَّحَاقَ بِهِمْ وَهُمَا يَلْهَثَانِ.

Papa leur montra comment tenir leur cerf-volant et où se placer pour que le vent le soulève.

عَلَّمَهُمْ الْأَبُ كَيْفَ يَحْمِلُونَ طَائِرَتَهُمْ الْوَرَقِيَةَ وَأَيْنَ يَقِفُونَ حَتَّى تَسْتَطِيعَ الرِيحُ حَمْلَهَا.

– Et souvenez-vous, ajouta-t-il, tenez la ficelle BIEN SERRÉE.

ثُمَّ قَالَ: "وَتَذَكَّرُوا جَيِّدًا أَنَّهُ عَلَيْكُمْ الْإِمْسَاكُ بِالْخَيْطِ بِإِحْكَامٍ."

Le frère aîné fit comme papa avait dit. Le vent emporta son cerf-volant et le fit monter haut dans le ciel.

اِلْتَزَمَ الْأَخُ الْأَكْبَرُ بِتَعْلِيمَاتِ الْأَبِ وَحَمَلَتْ الرِّيَاحُ طَائِرَتَهُ الْوَرَقِيَّةَ عَالِيًا وَبَعِيدًا.

Le frère cadet essaya ensuite et bientôt son cerf-volant planait à côté de celui de son frère.

أَمَّا الْأَخُ الْأَوْسَطُ فَقَدْ شَدَّ تَحْلِيقَ طَائِرَتِهِ الْوَرَقِيَّةِ بِجَانِبِ طَائِرَةِ أَخِيهِ الْوَرَقِيَّةِ.

Ce fut au tour de Jimmy. Il fit ce que papa lui avait dit et son cerf-volant s'envola dans le ciel bleu.

حانَ الآنَ دَوْرُ جِيمِي وَقَدْ فَعَلَ كَمَا أَوْصَاهُ أَبُوهُ وَحَلَّقَتْ طَائِرَتُهُ الوَرَقِيَّةُ عَالِيًا فِي السَّمَاءِ الزَّرْقَاءِ.

À ce moment-là, Jimmy aperçut un magnifique papillon. Il le poursuivit… et lâcha la ficelle !

ثُمَّ لَاحَظَ جِيمِي فَرَاشَةً جَمِيلَةً فَقَفَزَ خَلْفَها وَتَرَكَ الخَيْطَ.

Papa essaya de la rattraper, mais le cerf-volant s'envola au-dessus des arbres et disparut. Le cerf-volant de Jimmy était perdu.

حاوَلَ الأَبُ الإمْسِاكَ بِالطَّائِرَةِ الوَرَقِيَّةِ، لَكِنَّها طارَتْ فَوْقَ الأَشْجَارِ وَابْتَعَدَتْ عَنِ الأَنْظَارِ. وَضَاعَتْ طَائِرَةُ جِيمِي الوَرَقِيَّةِ.

– Mon cerf-volant ! pleura Jimmy, des larmes roulant sur ses joues.

صَرَخَ جِيمِي وَالدُّمُوعُ تَنْهَمِرُ فَوْقَ خَدَّيْهِ:" طَائِرَتِي الوَرَقِيَةُ!"

Maman vit ce qui s'était passé et arriva en courant le plus vite possible.

لَاحَظَتْ الأُمُّ مَا وَقَعَ فَقَدِمَتْ يِسُرْعَةٍ لِلْمُسَاعَدَةِ.

– J'ai une idée, dit-elle en serrant Jimmy dans ses bras.

ثُمَّ قَالَتْ وَهِيَ تُعَانِقُ جِيمِي بِشِدَّةٍ:" لَدَيَّ فِكْرَةٌ !"

Jimmy essuya ses larmes et sourit.
– C'est quoi ?

مَسَحَ جِيمِي دُمُوعَهُ وَابْتَسَمَ ثُمَّ قَالَ: "مَا هِيَ؟"

De retour à la maison, maman trouva du papier coloré, de la ficelle et des rubans. Toute la famille se rassembla pour fabriquer un nouveau cerf-volant pour Jimmy.

وَصَلَتْ العَائِلَةُ إلى المَنْزِلِ وَوَجَدَت الأُمُّ وَرَقَةً مُلَوَّنَةً وَخَيْطًا وَأَشْرِطَةً. فَاجْتَمَعَتْ العَائِلَةُ كُلُّهَا لِصُنْعِ طَائِرَةٍ وَرَقِيَّةٍ جَدِيدَةٍ لِجِيمِي.

Le nouveau cerf-volant était plein de couleurs vives.

كَانَتْ الطَّائِرَةُ الوَرَقِيَّةُ الجَدِيدَةُ مُشِعَّةً وَمُلَوَّنَةً.

Le lendemain, après le petit-déjeuner, ils allèrent tous au parc pour faire voler leurs cerfs-volants.

وَفِي اليَوْمِ التَّالِي وَبَعْدَ تَنَاوُلِ فَطُورِ الصَّبَاحِ، ذَهَبَتْ العَائِلَةُ إلى الحَدِيقَةِ لِيَلْعَبُوا بِطَائِرَاتِهِمْ الوَرَقِيَّةِ.

Cette fois, le cerf-volant de Jimmy volait magnifiquement à côté de ceux de ses frères... et il tenait la ficelle fermement.

وَحَلَّقَ جِيمِي هَذِهِ المَرَّةَ طَائِرَتَهُ الوَرَقِيَّةَ يُجَانِبِ طَائِرَاتِ إخْوَتِهِ وَأَمْسَكَ الخَيْطَ بِإحْكَامٍ.

– Wouhou ! s'exclama-t-il. Regarde mon cerf-volant, papa ! Regarde comme il va haut !

صَاحَ جِيمِي: "وُهُووا! شَاهَدْ يَا أَبِي الطَّائِرَةَ الوَرَقِيَّةَ! انْظُرْ كَمْ هِيَ عَالِيَةٌ!"

La famille passa toute la journée à jouer au cerf-volant, à courir dans le parc et à rire.

قَضَتْ العَائِلَةُ يَوْمًا كَامِلاً فِي اللَّعِبِ بِالطَّائِرَاتِ الوَرَقِيَّةِ وَالرَكْضِ فِي الحَدِيقَةِ ضَاحِكِينَ.

Lorsque le soleil commença à se coucher, ils plièrent leurs cerfs-volants et se préparèrent à rentrer.

بَدَأَتْ الشَّمْسُ تُوشِكُ عَلَى الغُرُوبِ فَلَفُّوا طَائِرَاتِهُمْ الوَرَقِيَّة وَاسْتَعِدُّوا إلى العَوْدَةِ إلى المَنْزِلِ.

Soudain, ils entendirent de la musique, de plus en plus forte.

فَجْأَةً سَمَعُوا صَوْتَ مُوسِيقَى تَعْلُو أَكْثَرَ وَأَكْثَرْ.

– Qu'est-ce que c'est ? demanda Jimmy.

تَسَاءَلَ جِيمِي: "مَا هَذَا؟"

Ses frères échangèrent un sourire.
– Le camion du glacier ! s'écrièrent-ils joyeusement.

ابْتَسَمَ إِخْوَتُهُ مُحَدِّقِينَ إِلَى بَعْضِهِمْ البَعْضْ ثُمَّ صَاحُوا فَرِحِينَ: "إِنَّهَا عَرَبَةُ المُثَلَّجَاتِ!"

– Si vous voulez une glace, suivez-moi ! dit papa et toute la famille courut vers le camion du glacier en riant aux éclats.

قَالَ الْأَبُ: "مَنْ يَرْغَبُ فِي الْمُثَلَّجَاتِ يَتْبَعْنِي." وَتَسَارَعَتْ الْعَائِلَةُ إِلَى عَرَبَةِ الْمُثَلَّجَاتِ ضَاحِكِينَ بِصَوْتٍ عَالٍ.

En mangeant leurs glaces, ils regardèrent le coucher de soleil.

– Quelle fin parfaite pour une journée d'été parfaite ! dit Jimmy en serrant sa maman dans ses bras.

شَاهَدُوا الْغُرُوبَ وَهُمْ يَأْكُلُونَ الْمُثَلَّجَاتِ. قَالَ جِيمِي: "يَا لَهَا مِنْ نِهَايَةٍ مِثَالِيَّةٍ لِيَوْمٍ صَيْفِي مِثَالِيّ." ثُمَّ عَانَقَ أُمَّهُ.

www.ingramcontent.com/pod-product-compliance
Lightning Source LLC
Chambersburg PA
CBHW061143070526

44584CB00033B/4409